Erstausgabe

Satz: Urs Freund
Gesamtherstellung: Ebner Ulm

ISBN 3 251 00305 4

INHALT

MEINE ERSTE REVOLUTION
(für meinen Sohn Martin)

Es dauert manchmal doch geraume Zeit, bis man erkennt, daß der Nikolaus kein Heiliger, sondern ein Mensch und der Krampus (Knecht Ruprecht, Schmutzli) ein Arschloch ist – aber ganz bestimmt kein Dämon! Die Angst vor jenen Herrn ist ein Stück guter alter Tradition und auch die Wirkung dieser Angst, die Generationen von Bettnässern erzeugte.

Ich war klein, und die Macht der Nikolaustradition ungebrochen. Die Krampusse klirrten mit Ketten. Sie waren in Felle gehüllt. In ihren rußigen Gesichtern spiegelte sich das tierische Vergnügen, mit dem Ochsenfiesel sauber zuhauen zu können. Hämisch fragten die Erwachsenen: »Und? – War er schon da, der Nikolaus? Bist du auch immer brav gewesen? – Weil sonst kummst nei in' Sack!!«

Ich hätte es nicht geglaubt, daß man wirklich in einen Sack hineinkommt wegen Unbravheit, aber der Ismeier Manfred, mein Kindkollege, hatte es eigenhändig berichtet.

Auf dem Land wußten wir noch nichts von devoten Kaufhausnikoläusen und von der pädagogischen Einbahnstraße, die der Krampus als Erziehungspromotor darstellt.

Es war der sechste Dezember neunzehnhundertneunundvierzig gegen neunzehn Uhr, als sich ein Stiergehörnter auch meiner bemächtigte – obwohl ich die donnernde Frage des Heiligen Nikolaus: »Bist du auch immer brav gewesen?« eindeutig und wahrheitsgemäß mit »ja« beantwortet hatte – und mich in seinen Sack stopfte.

Ketten klickten, klackten und rasselten, Schweine grunzten und Ratten pfiffen, als ich im Sack an einem Haken im Saustall aufgehängt wurde. Ich schrie eine Ewigkeit in dieser finsteren Hölle des Onkel Hieronymus Bosch. Und manchmal wache ich heute noch auf in der Nacht, schwitzend, sehe den Krampus auf mich zukommen … und ich weiß, ich habe eine Kindheit gehabt, die kann mir keiner mehr nehmen!

Umständehalber verließ ich das Land und kam in die Großstadt, zur Zeit als wiederum die Existenzfrage: »Bist du auch immer brav gewesen?« im Raum stand.

Ein zirka achtjähriger Robespierre forderte mich, den Neuling vom Land, auf:

Gemüseladen Türkenstraße *Foto: Stephan Heigl*

»Und? – Gehst mit am Nikolo an Bart anzünden?«

Mir wurde schwindlig. »Einem Nikolaus den Bart anzünden???« Was heißt da »einem«? Es gibt doch nur *den* Nikolaus. Den Heiligen St. Nikolaus! Und *ihm* den Bart anzünden??? – Ein ungeheures Vorhaben! Vor kurzem noch vom Krampus gejagt, frisch einem noch feuchten Bett entwichen, überrollte mich die Frage des Großstadtrevolutionärs aufs Neue. Sie wirkte jetzt eine Spur gleichgültiger.

»Oiso was is? Gehst jetza mit oder ned?«

»Sowieso!« hörte ich mich antworten. Mein Herz war in der Unterhose angelangt.

Kurz darauf standen wir schon vor unserer »Bastille«, der Türken- Ecke Schellingstraße.

»Bastille« nach Jean-Pierre Houel

Hundert bis zweihundert Kinder, bis an die Zähne mit Latten, Stöcken, Zwisteln und Steinen bewaffnet, harrten der Nikoläuse aus dem Portal des Studentenschnelldienstes.

Schon kam einer heraus. Aus allen Kehlen erscholl ein Pfuiiii, ein Pfeifkonzert, kreischendes Hohngelächter. Ein Gewitter von Wurfgeschossen entlud sich in Richtung Nikolaus, welcher unwürdig behende auf einem Fahrrad das Weite suchte.

Ein neuer Schnelldienstheiliger wurde auf die Straße gespuckt, um Tradition zu verbreiten.

»Da is scho wieder oana!« jauchzten die jungen Revoluzzer im Kampfesrausch. »Den machma fertig!« schrien sie.

Mein Genosse und Animator reichte mir feierlich sein Sturmfeuerzeug. »Jetzt zündma eam an Bart o! Mia gem da Rückendeckung!«

Fest entschlossen, meine jahrelange Demütigung mit einem Bartbrand zu rächen, laufe ich mit weichen Knien über die Straße, das Sturmfeuerzeug wie eine Fackel erhoben haltend. Schlachtengesänge wie »Nikolo scheiß ins Klo!« tragen mich vor das entsetzte Gesicht des Heiligen Mannes. Wieder verdunkelt sich der Himmel vor lauter Zaunlatten und Haken, Pfeilen – Wasserbomben – Eiern – es herrscht Krieg. Der Nikolaus duckt sich, macht zwei, drei schnelle Schritte und verschwindet in der Sicherheit des nahen Gemüseladens … Wumm! Ktschschk! Duiiiing! Das Schaufenster birst, ein Volltreffer! Johlen! Der Nikolaus liegt auf

dem Boden, umgeben von Glas! Ein Splitter hat sein Gesicht verletzt. Rotes Blut tropft auf seinen weißen Bart. Er reißt ihn sich vom Kinn und drückt ihn auf die Wunde. Ich sehe ein junges Gesicht voller Panik.

Jetzt rollt, nach überwundener Schrecksekunde, der Gemüsehändler mit seiner enormen Wampe auf den Nikolaus zu und bespeit ihn mit einem Potpourri von Unflätigkeiten, worin er dem Wort »Drecksau« eindeutig den Vorzug gibt. Der Nikolaus entwindet sich dem Griff des Fetten und flieht aus dem Laden.

Zum Glück trifft ihn sein eigener, wie ein Speer nachgeschleuderter Krummstab nicht mehr.

Das Kinderheer auf der anderen Straßenseite aber hat sich blitzschnell aufgelöst. Und ich, ich stehe da, den blutleeren Daumen auf dem Sturmfeuerzeug.

Dann geh ich heim als Sieger. Sieger einer Revolution, deren Errungenschaften unumkehrbar sind!

G. P. Erste Kommunion

Robespierre (nach Louis Boilly)

PS: Sachzwänge nötigen mich seit Jahren am 6. Dezember in ein eindrucksvolles, stilechtes Nikolausgewand. Ich versuche ein fairer, aufgeschlossener, geschenkbereiter, psychologisch hieb- und stichfester Heiliger zu sein. Nur wenn ich frage: »Bist du auch immer brav gewesen?« beschleicht mich so ein Gefühl ...

Trotzdem. Schwamm drüber! Im nächsten Jahr bin ich schon wieder voll ausgebucht.

G. P. Hl. St. Nikolaus

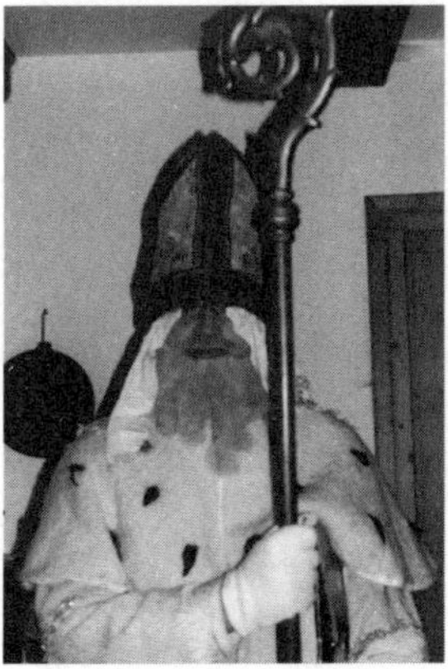

SATISFACTION

Weihnachten im Hahnhof. Jeden Tisch zierte ein Tannengesteck aus Plastik. Der Wein schmeckte wie sonst. Etliche Tische waren freigehalten für Betriebsangehörige, die mit dem Chef besinnlich einen Abend verbringen mußten, dienstlich versteht sich. Wir selber gehörten zwar keinem Betrieb an, aber wir waren Stammgäste und hatten uns eigentlich täglich, den gesamten Advent hindurch, aus abendländischer Tradition dem Roten 1A gewidmet.

Mein Nachbar, ein gewisser Abendroth, bemerkte, er vertrüge diesen Wein sehr gut, und dies sei wunderbar, denn er habe eine Allergie, deren Ursache er noch herausfinden wolle.

Unsere Unterhaltung wurde plötzlich abrupt unterbrochen. Es strömte nämlich eine ganze Schwadron Corpsstudenten ins Weinlokal und belegte den langen, reservierten Tisch vor uns. Sicher, sie lärmten ein bißchen, und sie sahen mit ihren Säbeln auch ein wenig befremdlich aus, aber ansonsten schienen sie harmlos, und ihren Reden zufolge waren sie gekommen, um sich auf die Weihnachtsfeier in ihrem Stammhaus vorzubereiten.

Die Augen meines Nachbarn Abendroth waren grün, und – ich täusche mich nicht – nach jedem weiteren Schoppen wurden sie grüner. Er starrte unentwegt auf die Corpsstudenten, die sich selbst, uns und das ganze Lokal beständig mit Lachsalven eindeckten und dazu auch noch stakkatoartig mit den Handflächen auf den Tisch droschen.

»Nicht mehr lange«, stöhnte mein Nachbar, »und dann singen die auch noch!« Seine Augen funkelten nun in solch einer Grünheit, wie man sie nur von Gespenstern aus der Geisterbahn kennt.

Er schüttete noch einen Schoppen 1A hinunter, stand dann auf und sprach halblaut: »Meine Allergie, da ist sie wieder!« Er deutete auf einen Corpsstudenten vor uns und knirschte: »Diesen da, den nehm ich!« Er beugte sich über den Mann mit Säbel und entleerte seinen gesamten Mageninhalt in das Genick des Corporierten. Vom Mittagessen bis zum Zeitpunkt des Entleerens war ich selbst Zeuge einer Leberspätzlesuppe, eines Rumpsteaks mit Röstkartoffeln und Salat, sodann Quark mit Zwiebeln, 3 Senfbrote, Weihnachtsgebäck, 2 Marzipanlebkuchen sowie 9 Schoppen 1A.

Der Corpsstudent erstarrte, die Lachsalven erstarben und die Weihnachtsstimmung gefror. Abendroth eilte nun, nach der Tat, zielstrebig zur Toilette, um seine Allergie noch zur Gänze auszukurieren.

Der Student wand sich mühsam und von Ekel geschüttelt aus seinem besudelten Wichs, folgte dann dem Täter und trommelte wütend mit den Fäusten gegen die Klotüre: »Satisfaktion, du Schwein, du elendes! Ich verlange Satisfaktion!«

Abendroth würgte nur ein dankbares »uääh – ruhgh – uääh!« hervor, denn er hatte die Ursache seiner Allergie gefunden.

SCHÖNE BESCHERUNG

Wie man weiß, ist der Höhepunkt des Heiligen Abends die Bescherung. Der Zeitpunkt, wann sie stattfindet, kann variieren. Sie kann stattfinden vor der Weihnachtsansprache des bayerischen Ministerpräsidenten oder auch nachher, das wäre dann vor der Rede des Bundeskanzlers und der des Bundespräsidenten. Manche Menschen bescheren erst, nachdem sie alle Reden zu sich genommen haben und der wahre Weihnachtsfrieden dann echt eingekehrt ist. Für ein Kind ist besagter Zeitpunkt weichenstellend, und gar schicksalhaft kann sich die Dramaturgie eines Heiligen Abends auf das individuelle Glück eines solchen auswirken.

Ich wohnte im dritten Stock, und unter mir im zweiten – genau unter mir – wohnte mein Kindkollege Herbert K.

Unwiderruflich war es Heiliger Abend geworden. Durch die Zimmerdecke des Altbaus drangen die Entzückensschreie meines Spezis. Es wurde beschert.

»Ja hört das denn gar nicht mehr auf!« dachte ich gequält und vergaß fast, daß ich selber ja die Bescherung noch vor mir hatte. Mich überfiel eine abgesicherte Ahnung, daß dieses Fest so ablaufen würde wie jedes Jahr, und ich fing an zu schwitzen. Kaum waren die Freudenschreie unten versickert, ging's bei mir oben los. Nur, fürchte ich, nicht so lang.

Der Baum brennt. Ich selbst, im Taumel der Beschorenheit, zähle noch mal die Leistungen des Christkinds nach – da klingelt's auch schon an der Türe. Ich zucke zusammen, atme durch und öffne. Unvermeidlich wie eine Naturkatastrophe steht er vor mir, der Herbert K., mit strengem, prüfendem Blick, einen Notizblock und einen Bleistift in der Hand.

»Und?« fragt er. »Wie schaut's aus heuer?«

»Äh ... sehr gut!« antworte ich windelweich. »Doch ... ziemlich gut!«

»Na ja, dann schaun mer amal!« sagt er und betritt wie ein Gerichtsvollzieher unser Weihnachtszimmer. Ich reihe alle Präsente auf, lüfte

Weihnachtsmärchen der Gebr. Grimm

auf Wunsch manche Verpackung, um eine realistische Preisvorstellung zu ermöglichen.

Herbert K. notiert.

»Da hab ich noch eine Weiche für die Eisenbahn!« sage ich mit enger Stimme.

»Die hab ich schon!« kommt die trockene Antwort. »Ist das alles?«

»Na ja, ist doch nicht schlecht, oder?« höre ich mich, verzweifelt Zustimmung heischend, sagen. Doch Herbert K. rechnet bereits, flink wie in der Schule.

»Einundsechzigmarkfünfzig! Vielmehr wie voriges Jahr ist es auch nicht!« konstatiert er.

Ich weiß, daß er recht hat. Besondere ökonomische Kausalitäten meiner Familie haben sich heuer folgenschwer fürs Christkind ausgewirkt.

»So, jetzt gehma nunta!« fordert Herbert. Stumm folge ich in den zweiten Stock. Schweren Herzens betrete ich den festlichen Raum. Die Präsente sind pyramidenartig aufgetürmt. Wortlos drückt mir mein Freund das bereits vorbereitete Notizblatt in die Hand.

»Du kannst alles nachkontrollieren! Zweihundertzehnmark gradaus!«

»Nein, nein, ich glaub's schon!« winke ich ab. Da erhellt ein Hoffnungsstrahl meine Gedanken.

»Du, ich hab's fast vergessen! Ich krieg noch fünfzig Mark von einem Onkel, wenn er kommt!«

Unerbittlich werde ich abgeschmettert. »Was nicht unterm Baum liegt, wird nicht berechnet!«

Da hatte ich die Bescherung. Im Radio beendete der Ministerpräsident gerade seine Ansprache und wünschte allen – auch den Kindern – fröhliche Weihnachten. Bis zum nächsten Jahr.

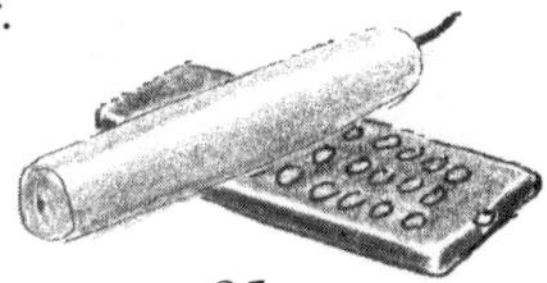

DIE LETZTE ATTACKE

Daß der Vater nun endlich aus der Kriegsgefangenschaft gekommen war, um mit mir Weihnachten zu feiern, rechnete ich ihm hoch an. Er selber hatte im Bund mit dem Christkind seine eigene Kindheit auch gleich mitgebracht.

In Zigarrenschachteln lagen unzählige Zinnsoldaten. Bataillone aus aller Herren Länder. Mein Vater wollte, nach seinen persönlichen Kriegserlebnissen, sicher endlich auch einmal Dampf ablassen, und er beschloß, kaum daß der Baum brannte, die Schlacht von Verdun neu zu inszenieren. Wenn man eigene, wenn auch bloß Zinnsoldaten, hatte, könnte die Schlacht ja anders ausgehen, ohne Dolchstoß nämlich, und dann konnte man sehr schnell sehen, wie die Deutschen die Übermacht gewannen.

»Fremdenlegionäre wollen die bayerischen Grenadiere massakrieren!« sagte mein Vater. Er war in seinem Element.

»Siehst du, jetzt setzen wir die Reiter in den Graben!« Einige Speiseteller und der Korb mit dem Weihnachtsgebäck mußten weichen, damit die feigen Briten sich verstecken konnten.

»Nein, Belgier sind's!« korrigierte sich mein Vater. »Das sind die Belgier, denen geht jetzt gleich die Luft aus, weil wir ihnen mit der dicken Berta eine vor den Latz knallen!«

Die dicke Berta war ein Geschütz aus Blei, und mein Vater sagte, daß man damit unheimlich weit schießen konnte und daß es denen, die es erwischte, dann den Arsch aufriß.

Ich selber war etwa sechs Jahre alt und wohl etwas überfordert. Die Feigheit der Belgier hat mich nicht zu faszinieren vermocht. Ich glaube

auch nicht, daß mich die Kesselschlacht zu Charkov, die schon viel moderner war, mehr begeistert hätte.

»Jetzt kommt die große Attacke«, jubelte mein Vater, »mit den Tanks und den Ulanen!«

Während er die Choreographie der gesamten Schlacht neu bewertete, nahm ich einen Zinnsoldaten, einen Reiter, aus einer Schachtel heraus und wußte nichts damit anzufangen. Ich löste meine Verlegenheit dadurch, daß ich den Kopf desselben längere Zeit geduldig in die Kerzenflamme hielt, und – siehe da – er schmolz. Bald darauf auch der Rumpf, ja sogar das ganze Pferd ergab, wenn man nur geduldig wartete, einen schönen heißen Klumpen.

Ruhig und überlegt hielt ich nun einen Reiter nach dem anderen in die Kerze. Als die Schachtel leer war, hatte ich einen wunderschönen großen Klumpen Blei in der Hand.

Aus dem Schlachtgetümmel erschien mein Vater und rief: »So, und jetzt lassen wir die Ulanen aufmarschieren, die geben ihnen den Rest! Wo sind denn die Ulanen!«

Ich wußte zwar nicht, daß es sich bei den eingeschmolzenen Kriegern um Ulanen gehandelt hatte, aber ich streckte meinem Vater die wunderschöne Bleikugel entgegen. Er war zu perplex, als daß er diesen Akt mit Gewaltandrohung oder mit Gewalt selber hätte beantworten können. Mein Vater war schlicht sprachlos.

Wegen der fehlenden Ulanen haben dann wahrscheinlich wieder diese Franzosen die Schlacht von Verdun gewonnen.

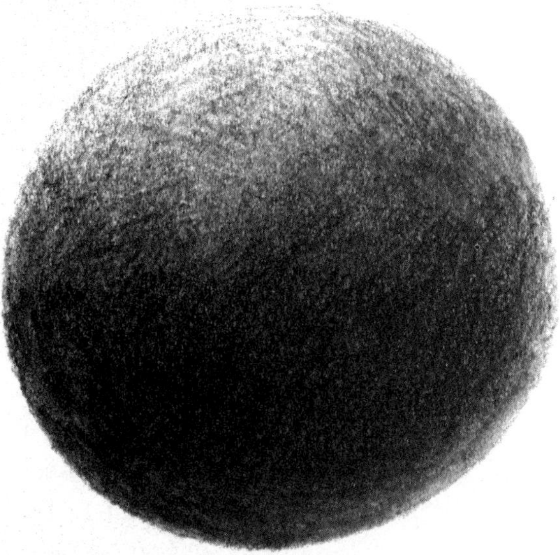

DER RAUSCHGOLDENGEL

Der Kraftfahrer Hofinger war Kraftfahrer von Beruf. Ansonsten hatte er viel Freude am Durst. Diese Freude hielt er gewissenhaft mit Bier und Schnaps aufrecht.

So begab es sich, daß Hofinger an einem herrlichen Heiligen Abend nachmittag, voller Schnee und Kälte, der Wirtschaft »Zum Atzinger« zustrebte, um sich dort auf die Feierlichkeiten des Tages gebührend einzustimmen.

Zum Entree genehmigte er sich in kleinem Kreise – es waren noch der Emigrant Kovacs und der Trambahner Gerstl dabei – sieben Weißbier und flankierend dazu diverse Obstler.

Als dann der Lärm draußen auf der Straße langsam einschlief, begann Hofingers Weihnachtsstimmung zu knospen, und dementsprechend genoß er den Weihnachtsbock, ein Getränk, welches extra für die hohen Festtage hergestellt wird. Aus der Musiktruhe erscholl Country-music, und gleichzeitig aus einem anderen Geräuschspender, also sozusagen synchron, informierte einen der Heimatsender präzise über den gesamten Weihnachtsverkehr im Freistaat.

Foto: Stephan Heigl

Diese Beschaulichkeit stimulierte den Hofinger bewegt zum ersten inbrünstigen »Stihhi-le Nacht, ha-li-ge Nacht ...« Der Emigrant stimmte sogleich mit ein und verbreitete Seliges. Hofinger unterbrach verblüfft: »Ja, was bistn nach du für oana? Bist etz du a Asylant, oda a Dissident, oda a Flichtling, oda gar a Mafioso? Ha, ha!« Hofinger war beeindruckt. »Singt der Stille Nacht!«

Kovacs beantwortete diese Fragen nicht, jedenfalls nicht an diesem Weihnachtsabend im Atzinger. Er hielt sich lieber an den Bock und feierte. Gerstl hingegen trank eine vulgäre Halbe nach der anderen, freilich ab und zu durch einen Nikolaschka unterbrochen, gegen

Ein Bier – so schwarz wie Bayern

»des siaße Zeig, des wo eam an Weihnachtn oiwei an Mogn vapappt.«

Da der Atzinger keine Wärmestube mit »open end« war, speziell an Festtagen wie diesen, erfolgte um sieben Uhr die unerbittliche Räumung. In der ernüchternd kalten Winterluft animierte Gerstl: »Geht's weida, i hob scho no a paar Tragl am Balkon. Na wart' ma hoid bei mir aafs Christkindl!«

Gerührt willigten die beiden anderen ein. Auf »O du fröh-liche-he ...« folgte bald »Wir lagen vor Madagaskar« und »Marina, Marina!« Die Stimmung konnte nicht besser sein.

Beim Hofinger tat das 24. Bier, noch dazu eisgekühlt, seine Wirkung. Abrupt riß es ihn von der Liedertafel in Richtung Toilette. Ob er selbst noch merkte, daß es bereits zu spät war, ist nicht überliefert.

Nachdem das Duett das gesamte verfügbare Liedgut verbraucht hatte, bemerkte Kovacs: »Wo isss Hofinger? Heim sssu Familie, oder was?«

»Ja Herrschaft, wo is er denn!« fragte auch Gerstl und fand die Bescherung in seiner Diele.

Was jetzt geschah, muß jeden echten Christenmenschen, der von der allgemeinen Verrohung der Zeit noch nicht ganz versaut ist, bewegen.

Der Trambahner und der Emigrant schleppten den hundert Kilo schweren Kameraden ächzend und stöhnend drei Treppenaufgänge hinunter. Beim Umgreifen entglitt er ihnen hin und wieder, dann donnerte sein Kopf schwer über die steinernen Stufen. Es ging durch die kalte Nacht, vorbei an Tannenbäumen im Lichterglanz, und dann zwei Straßenzüge weiter durch den Hinterhof nochmals zwei Stockwerke hinauf. Dort legten sie ihn vorsichtig, um den Weihnachtsfrieden nicht zu stören, vor seine Wohnungstüre und schoben ihm fürsorglich den Fußabstreifer unter das zerschundene Haupt. Kovacs, der Mann aus der Fremde, steckte ihm noch eine ungeöffnete Flasche dunklen Bocks der Marke Hopf zwischen die Finger. Dann verließen sie ihn mit der Gewißheit, die ihrige Christenpflicht voll erfüllt zu haben.

In Hofingers Wohnung war der Heilige Abend bereits zelebriert worden. Die Mama mit den drei Kleinen und die Oma, Hofingers leibliche Mutter, hatten die Abwesenheit des Vaters zwar beklagt, aber hingenommen, weil

man ja in etwa eh wußte, wie es ausgeht, wenn der Bappa »no amoi schnell a wengerl zum Atzinger neischaut«.

»Psst«, flüsterte die Oma und drehte den Fernseher leise, »i hob draußt was gehört!« Hurtig spurteten die Kinder zur Wohnungstür, öffneten, und – »Der Bappa iss ...« riefen sie. »Der Bappa iss! Er liegt im Treppenhaus! Er is hoamkemma ... der Bappa!«

Ein Anflug von Frohheit entfaltete sich auf dem Gesicht der Oma, die überhörte, wie es dem Munde der verhärmten Frau Hofinger entfuhr: »Total daschbiem und daschißn. Die bsuffane Drecksau, die bsuffane!«

RÜCKBLICKSERWARTUNG

»Wenn jetzt die Kerzen brennen, dann geht's mir so, daß ich dann ganz besinnlich werde.

Das ganze letzte Jahr war für mich ein Jahr ohne Führerschein, weil man ihn mir gezwickt hat. Ich will Sie über die näheren Umstände gar nicht belästigen, weil die gehen schon im Grunde auf Jahre davor zurück. Jedenfalls war ich gezwungen, heuer, also dieses Jahr, vollkommen ohne Führerschein zu fahren. Nur wer die Bedeutung eines Führerscheins erfaßt hat, weiß, was ein Leben heute ohne Führerschein noch wert ist.

Ich habe aber auch meinen Stolz und habe gesagt: „Ich laufe dem Führerschein nicht hinterher, wenn sie ihn mir nicht geben."

Beruflich bin ich halt äußerst mit dem Führerschein verbunden, weil ich bin von Beruf ein gelernter Bootsverleiher, ich habe ja Bootsverleih studiert, bin aber durch die permanenten Sparmaßnahmen von Staats wegen und durch den Druck der ausländischen Konkurrenz selbst zu enormen Sparmaßnahmen gezwungen. Ich habe in einer Sofortmaßnahme gleich einmal alle Boote, das heißt, ich habe ja nur eines gehabt, aber das habe ich aufgelöst und damit meinen Verdienst auf ein Minimum heruntergeschraubt. Ich lebe jetzt zirka zehn bis elf Prozent unter dem Existenzminimum und bin auch steuerlich dadurch enorm entlastet, und der Staat tut sich schon sehr schwer, mich auszutricksen.

Ich bin ein Mensch, der, ich weiß nicht wie es Ihnen geht, aber ich blicke gerne zurück. Es gibt Menschen, die schauen immer nach vorn oder manche auch hinunter, ich für meinen Teil schaue zurück, das heißt, ich blicke zurück, weil lange schaue ich mir das nicht mehr an, was da zurückliegt.

Wenn ich zurückblicke z.B., dann muß man sagen, die letzten Jahre waren äußerst erfolgreich, nicht zuletzt für den Borkenkäfer. Allerdings, was dem Borkenkäfer die Zukunft bringen wird, wage ich kaum auszusprechen, weil wenn einmal kein Wald mehr da ist, dann wird's happig für ihn, und er mag halt gern einmal das Holz.

Sonst, wenn ich zurückblicke, denke ich immer noch gerne an meinen Lottogewinn zurück. Vor drei Jahren, da hab ich vierzehn Mark dreißig gewonnen, aber das Geld ist heute auch schon wieder verbraucht, und ehrlich gesagt, soviel Geld war's ja auch wieder nicht. Jedenfalls konnte ich mir meine Reise nach Thailand, die ich gerne angestrebt hätte, mittels Lottogewinn nicht finanzieren. Dann habe ich gedacht, daß ich mir mit einer Organspende die Reise finanziere, mit Hergabe meiner Niere, aber da hat man keine Chance, weil die Ausländer mit ihren Innereien den Markt überschwemmen. Da können wir mit unseren deutschen Körperteilen nicht mehr mithalten, preislich.

Inlandniere

Importniere

Eine Idee von mir war noch, ob ich nicht einen Witz kaufen soll, einen Secondhand-Gag auf der Witzbörse in London, und dann bin ich gleich zur Bank wegen einer Zwischenfinanzierung von dem Witz, damit ich ihn dann mit Gewinn ans Fernsehen weiterverkaufen kann. Ich war dann auch in den Kreditabteilungen und habe ihnen den Witz vorgelegt, damit sie mir Geld drauf geben. Alle in der Bank haben dumm gelacht und haben den Witz in allen Abteilungen verteilt und geprüft, wieviel der Witz wert ist, aber Geld haben's mir dann doch keins gegeben. Schade, so kommt der Witz halt nicht ins Fernsehen. Aber beim Fernsehen haben's schon so viele alte Sachen, da brauchen's nichts Neues, die wollen halt auf ihren alten Sachen nicht sitzenbleiben.

Die letzten Jahre waren auch sehr ertragreich für die Hausbesitzer, aber wenn sich die Wohnungssituation weiterhin so positiv fortsetzt, wissen Sie, dann bin ich schon so frei und sage: Bitte, da soll dann wohnen wer will. Ich wohne dann nicht mehr. Ich habe in meinem Leben schon früher öfters gewohnt, ich weiß, wie's geht.

Ja, und jetzt sitze ich da und muß persönlich mit ansehen, wie die Zeit versickert und vergeht, aber wenn ich ehrlich bin, ich habe mir von der Zeit auch nie was anderes erwartet, als daß sie vergeht. Sonst wird ja überall Zeit eingespart und sogar gewonnen.

Fig. 1

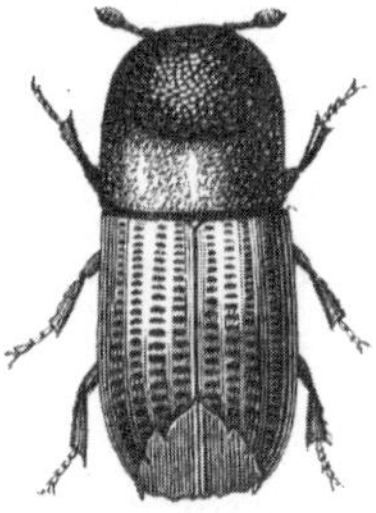

Fig. 2

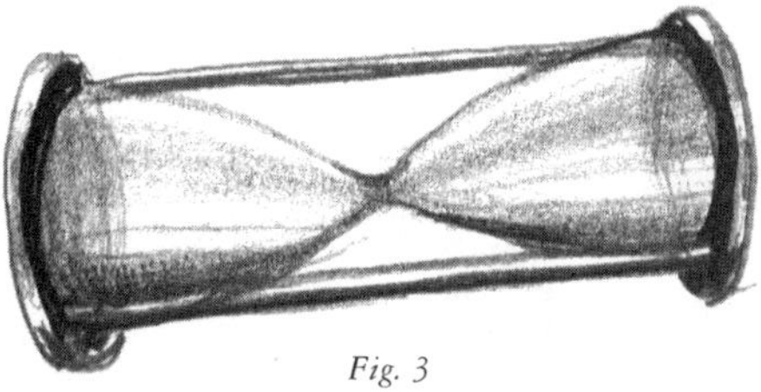

Fig. 3

Fig. 1: Vanitas, Fig. 2: Bostrychus curvidens, Fig. 3: Aeternitas

Ich kann Ihnen sagen, ich gehe sehr großzügig damit um, und das provoziert die Zeitsparer, aber ich haue ja nur meine eigene Zeit zum Fenster hinaus, und die Leute fragen sich, woher ich sie mir nehme. Das verrate ich aber nicht.

Gestern habe ich mir ein Butterbrot geschmiert und habe dazu drei Stunden gebraucht. In dieser Zeit hätte man auch auf die Kanarischen Inseln fliegen oder eine ganze Vorabendserie im Fernsehen anschauen können. Ich habe mich aber fürs Butterbrotstreichen entschieden. Sicher kann man auch ein Butterbrot in drei Minuten streichen, aber das kann ein jeder, und ein dreiminütiges Butterbrot unterscheidet sich kaum von einem dreistündigen, nur im Zeitaufwand liegt der enorme Unterschied. Vielen Leuten, denen ich das dann erzähle, kommt das merkwürdig vor, ja, sie sind ratlos. Aber genau das ist es ja, was mich so begeistert: diese enorme Ratlosigkeit.«

SINGLE BELL

Im achten Stock im Block D wohnt Herr Matschl.

Sein Zwei-Zimmer-Apartment hat siebenundvierzig m^2, ist also doch relativ geräumig. Außerdem verfügt es noch über eine Loggia, welche im Winter den Kühlschrank ersetzt.

Der Wohnraum läßt es jedenfalls zu, daß auch dieses Jahr wieder ein Christbaum die Weihnachtlichkeit unterstreicht.

Herr Matschl ist geschieden, seit sieben Jahren, und das Single-Dasein findet er inzwischen, ja, sagen wir, ganz o.k.

Kinderlos und auch sonst mit ziemlich wenig Kontakten ausgestattet, verbringt er die Zeit, die nach der Arbeit anfällt, innerhalb seiner siebenundvierzig m^2.

Noch verheiratet, war immer er es gewesen, der den Christbaum ausgesucht und in der damaligen immerhin Achtundsechzig-m^2-Wohnung aufgestellt und geschmückt hatte. Aus irgendeinem Grund ist das Volumen des Baumes seit dieser Zeit immer dasselbe geblieben. Obwohl er nun allein ist, hat der Christbaum exakt die Maße wie ehedem. Den Kampf um den Schmuck hat er damals bei der Haushaltsauflösung eindeutig für sich entscheiden können.

Jetzt erleben wir Herrn Matschl, wie er dabei ist, den Baum zu schmücken, und wie er dazu ein Weihnachtslied, nämlich »O Tannenbaum«, summt. Gleich wird er den Videorecorder einschalten, und wir werden im Fernsehen sehen, wie er den Christbaum schmückt und im gelbgestreiften Hemd »Stille Nacht« summt.

Routiniert und entschlossen schmückt Herr Matschl in grauer Wolljacke seinen Baum, hie und da beiläufig in den Video schauend, wie er sich, unverdrossen Christbaum schmükkend, im Vorjahr ebenfalls als Christbaumschmücker betätigt hat.

Nun schaltet Herr Matschl die Kamera ein und nimmt auf, also dokumentiert, was er sich nächstes Jahr, dann, wenn er seinen Christbaum schmückt, anschauen wird: nämlich, wie er dabei ist, den Christbaum zu schmücken und betrachtet, wie er damals, also heute, den Christbaum geschmückt hat. Aber das wird er sich – also, wie er jetzt den Christbaum schmückt – nächstes Jahr anschauen.

Nun jedoch schmückt er seinen Baum und schaut sich an, wie er ihn letztes Jahr geschmückt hat. Im Moment vernimmt er christbaumschmückend, wie er »Stille Nacht« gesummt hat, und wie er jetzt »O Tannenbaum« summt, das wird er sich ansehen, wenn er nächstes Jahr den Christbaum schmücken wird.

Da klingelt's. Herr Matschl geht an die Tür und öffnet. Weihnachten steht vor der Tür in Gestalt von Herrn Ott, einem Single aus dem elften Stock. Er hat seine Kamera dabei und ist bereit aufzunehmen, wie Herr Matschl die Kamera einschaltet, wenn er dann aufnimmt, wie er den Christbaum schmückt.

Herr Ott sagt: »Frohes Fest!« Herr Matschl ist gerührt: »Mein Gott, Herr Ott! Sie schickt wirklich der Himmel!«

»Keine Ursache!« sagt Herr Ott. »Ich versteh schon, ist doch klar!«